AF262184

NOUVEAU SYSTÈME DE VOTER

AU MOYEN D'UN APPAREIL DIT :

SCRUTATEUR MÉCANIQUE

donnant immédiatement (sans dépouillement)

LE RÉSULTAT CONTROLÉ

DU

SCRUTIN DE TOUTE ÉLECTION ET DÉLIBÉRATION

POLITIQUE OU COMMERCIALE,

Inventé par Jh. Jn. BARANOWSKI,

ANCIEN SOUS-SECRÉTAIRE DE LA BANQUE DE POLOGNE,

ET INSPECTEUR DE LA COMPTABILITÉ DES CHEMINS DE FER DE PARIS A ROUEN ET AU HAVRE.

Prix de la brochure : 30 centimes.

Paris

CHEZ L'AUTEUR, RUE DE PARME, N° 3.

1849.

IMPRIMERIE CENTRALE DE NAPOLÉON CHAIX ET C°, RUE BERGÈRE, 20.

NOUVEAU SYSTÈME DE VOTER.

EXPOSÉ GÉNÉRAL.

Il est bien étonnant que la science mécanique, qui a fourni tant d'applications utiles à l'industrie, et créé des prodiges de force et de précision pour les travaux manuels de l'homme ; que cette science, si riche de combinaisons et si féconde en ressources ingénieuses, n'ait rien fait jusqu'ici pour les opérations de calcul. **Opérations de calcul mécaniques.**

Je dis rien, en ce sens, qu'au milieu de nombreuses transactions commerciales et financières (qui demandent souvent autant de célérité que d'exactitude), nous nous voyons encore, en matière de calcul, condamnés à suivre une routine aussi longue qu'insipide. C'est toujours la tête qui est en travail ; toujours même peine, même patience. Il y a plus : toujours même incertitude sur le résultat obtenu. *Errare humanum est*, telle est la triste nature de l'homme ! Il a certes beaucoup en lui : intelligence, esprit, pensée ; mais il n'est pas infaillible comme une machine qui, une fois bien montée, marche nuit et jour sans fatigue ni distraction.

Voilà le raisonnement que je me suis fait souvent en étudiant la comptabilité sous tous les points de vue. Bien mieux : j'ai abordé de front les difficultés, et pris à tâche de résoudre ce grand problème :

« *Peut-on soumettre les opérations de calcul à un* » *procédé mécanique à la fois* SIMPLE *en pratique et* » INFAILLIBLE *en résultat?* »

Taxe-Machine.

Mes efforts n'ont pas été infructueux. J'en ai la preuve dans cet accueil favorable que reçoit en France et à l'étranger ma *Taxe-machine*, appareil d'une simplicité si grande, qu'il suffit de tourner l'aiguille d'un cadran et de pousser un ou plusieurs boutons, pour obtenir (au moyen d'une addition de nombres) *les résultats de calcul les plus compliqués*, même ceux des *changes* et *arbitrages de banque !* Et encore toute opération se fait-elle simultanément avec un contrôle qui saute aux yeux.

Mais ce premier résultat de mes travaux, en matière de comptabilité mécanique, n'est qu'un faible à-compte de ce qu'il y aurait encore à faire pour affranchir l'homme du travail forcé des chiffres.

Opérations d'élection.

La tâche que je me suis imposée aussi de trouver un procédé simple et sûr pour les opérations d'élection, est d'autant plus importante, que c'est une question à la fois matérielle et politique ; tellement politique dans le siècle où nous vivons, que c'est elle qui règle les destinées des peuples !

Inconvéniens du scrutin de liste.

En effet, tout le monde sait comment se font les élections de telle ou telle espèce, et combien le seul dépouillement des scrutins exige déjà un travail long et pénible.

Que penser de ce scrutin qu'on appelle *secret?* Peut-il être réellement secret, ou pour mieux dire indépendant, quand les listes de candidats se distribuent et s'arrangent sous toute sorte d'influences; quand les nominations sont parfois imposées de force; quand presque chaque vote qui tombe dans l'urne est connu d'avance; quand on ne peut même sceller celui des gens qui ne savent pas écrire; quand, enfin, rien ne contrôle positivement l'exacte répartition des votes, ne fût-ce qu'en raison de certains noms ou mal écrits ou mal relevés sur les bulletins?

Tels sont les inconvénients électoraux que personne n'ignore, mais qu'il est impossible d'éviter avec le mode actuel de votation par *scrutin de liste.*

C'est sous l'impression de pareilles idées que j'ai cherché à trouver un remède efficace pour un mal de cette importance. J'ose me flatter d'avoir réussi : car l'appareil que je viens d'inventer, dit SCRUTATEUR MÉCANIQUE, s'applique d'abord au *dépouillement* du scrutin de liste, lequel pourra se faire dorénavant très-vite et avec contrôle; et puis, cette invention se prête à de si larges combinaisons, qu'elle n'aspire à rien moins qu'à créer tout un nouveau système pour les élections et délibérations, tant politiques que commerciales.

Les avantages que cet appareil présente pour le *scrutin secret* sont immenses. Il suffit de dire que :

1° Chaque votant jouit de toute l'indépendance de sa

conscience , puisqu'il vote *seul entre quatre murs, dans un cabinet à côté du bureau.*

2° Il ne peut jamais (bien qu'il ne soit pas surveillé) *ni donner plus d'un seul vote* à un candidat , *ni voter pour plus de candidats* qu'il n'en faut.

3° *Le dépouillement du scrutin se fait successivement* au fur et à mesure de chaque vote donné ; de manière que le résultat de l'élection peut être proclamé sans le moindre retard.

4° *Le contrôle général de votation* est d'autant plus sévère, qu'il peut être exercé par les membres du bureau, ainsi que par toutes les personnes qui l'entourent ; en sorte qu'on sait bien le *nombre des votes* donnés dans le cabinet du scrutin secret , mais pas les *noms des candidats* que le votant aura choisis.

5° Tout cela , enfin, s'accomplit sans cartes d'électeurs , sans listes de candidats , sans pointages de votes ; mais au moyen d'un procédé si simple, qu'à peine faut-il savoir *lire* le nom du candidat pour lequel on désire voter, et qu'il suffit de *tourner* une manivelle ou de *pousser* un bouton pour exprimer le vote qu'on lui donne.

Je vais exposer maintenant , à l'aide de la gravure ci-jointe, diverses applications du SCRUTATEUR MÉCANIQUE , et nommément :

FIG. 1 et **2. Appareils isolés,** pour l'ad- ⎫
    dition successive des votes ⎪ Dépouillement
    candidat par candidat , si l'on ⎬ du scrutin
    veut s'en tenir au mode d'élec- ⎪ de liste.
    tion par *scrutin de liste.* ⎭

FIG. 3 et **4. Appareils jumeaux** (à urnes ou sans urnes), pour voter *pour* ou
contre, avec le dépouillement continu
du scrutin (secret ou non), et le contrôle du nombre des votants.

> Résultat
> des
> délibérations.
> Ballotage
> entre deux
> candidats.

FIG. 5, 6 et **7. Appareils combinés à
volonté,** pour élire un nombre *déterminé* de personnes parmi n'importe quel nombre de candidats (comme
c'est le cas pour la nomination des
Représentants du peuple, des *Membres de bureaux*, des *Commissaires
de surveillance*, etc.), avec le dépouillement continu du scrutin (secret ou non), et le contrôle du nombre
des votants.

> Élections
> de toute espèce,
> politiques
> ou
> commerciales.

Tous ces appareils peuvent être à *répétition*, c'est-
à-dire faire *sonner* chaque vote donné, afin de le contrôler même à distance.

DÉPOUILLEMENT DU SCRUTIN DE LISTE.

—

FIG. 1 ET 2.

APPAREILS ISOLÉS.

Le mécanisme de ces appareils sert, pour ainsi dire, de matière première à toutes les autres combinaisons de l'invention.

Je les appelle appareils *isolés*, parce qu'ils peuvent travailler séparément pour l'addition successive des votes de chaque candidat, en remplacement de toutes ces écritures et vérifications qu'occasionne le dépouillement du *scrutin de liste*.

On sait que dépouillement d'un scrutin veut dire *répartition exacte de votes*. D'après la routine qu'on suit, c'est une opération à la fois longue, ennuyeuse et (ce qui n'est pas sans conséquence) sujette à erreur ou à contestation. On a beau doubler et tripler le nombre des scrutateurs; pointer et repointer les votes; faire et refaire les additions partielles et générales; c'est toujours un travail incomplet, rigoureusement parlant: parce qu'en définitive rien ne prouve, aux yeux de tout le monde, qu'il soit bien ou mal fait. Le contrôle des scrutateurs, quelque habiles et consciencieux qu'ils soient, n'est pas infaillible: les hommes se trompent aussi bien en masse qu'individuellement.

Voyons donc comment s'en acquitte notre appareil.

Le mécanisme qui fait additionner les votes (Fig. 1 et 2 jusqu'à 10,000) ne demande guère d'espace. Il peut être renfermé aisément dans une boîte ayant 25 centimètres de longueur, sur 6 de largeur et autant d'épaisseur. *(Aspect de l'Appareil)*

La face principale de l'appareil est une platine en cuivre ou en tout autre métal. Elle a quatre fenêtres rondes, par où ressortent les nombres représentant les unités, les dizaines, les centaines et les milliers de votes. Il en faut cinq, si l'on veut pousser l'addition jusqu'à 100,000 votes ; six, jusqu'à un million ; et ainsi de suite. C'est d'ailleurs l'aspect qu'ont les compteurs de toute espèce.

Chaque appareil a un axe moteur (*a*) garni d'une manivelle (*b*) qu'on tourne dans un sens, à droite seulement.

Le carré-long (*c*), qu'on voit à côté de cet axe, est un percement pratiqué dans la platine, pour y loger une carte avec le nom du candidat pour lequel l'appareil doit travailler.

Quant à la manière d'opérer, elle se borne tout simplement à *tourner* la manivelle pour chaque vote qu'on veut marquer. L'addition se fait successivement sans qu'on y pense. Elle se trouve d'ailleurs *contrôlée* tant aux yeux qu'aux oreilles de tout le monde. D'un côté, on voit bien ressortir les votes par unités, dizaines, etc., dans les fenêtres rondes ; et de l'autre, on entend, à chaque tour de la manivelle, le son d'un timbre comme dans une montre à répétition. *(Manière d'opérer. Controle.)*

*

Rien n'est donc plus simple à l'usage que ce procédé mécanique. Le dépouillement du scrutin peut être confié au premier venu ; il n'y a absolument d'autre attention à faire, que de bien appliquer le vote de chaque candidat à l'appareil qui travaille pour lui. Pour cela encore la sonnerie sert de contrôle, puisqu'elle ne doit se faire entendre que d'appareil à appareil, au fur et à mesure qu'on appelle, *un* à *un,* les noms des candidats inscrits sur les bulletins de vote.

Mécanisme intérieur. Enfin, ce qui donne surtout du prix à cette invention, le mécanisme intérieur de l'appareil repose sur un système d'engrenages si heureusement combinés, qu'il y a impossibilité *matérielle* qu'il arrive jamais une erreur d'addition. Aussi, grâce à ce mécanisme, notre SCRUTATEUR peut-il rivaliser hardiment avec tous les compteurs automates connus jusqu'à ce jour.

Exemple de la gravure. Les appareils que représentent les figures **1** et **2** marquent : l'un 3,025 nombres pour le candidat A ; et l'autre 450 pour le candidat B : ce qui veut dire que chacun d'eux a obtenu autant de votes d'après le dépouillement des bulletins retirés de l'urne, et que les scrutateurs chargés de ce dépouillement ont tourné autant de fois leurs manivelles.

RÉSULTAT DES DÉLIBÉRATIONS.

—

FIG. 3 ET 4.

APPAREILS JUMEAUX.

Votation POUR ou CONTRE avec le dépouillement continu du scrutin.

Les *appareils jumeaux* ne sont, à proprement parler, que *deux* appareils *isolés* réunis en un seul pour marquer les votes *pour* et *contre*. Ces votes s'additionnent successivement; c'est le mécanisme général de notre SCRUTATEUR.

Mais ce qui distingue particulièrement les appareils dont il s'agit, c'est un mécanisme accessoire, si important et si propre à améliorer le mode suivi pour former le scrutin de cette espèce, qu'ils seront, je l'espère, classés au nombre des inventions utiles, surtout en raison de leur application aux scrutins des assemblées législatives.

Inconvéniens du mode suivi pour les scrutins des Assemblées législatives.

On sait comment ces assemblées procèdent (au *scrutin de division* ou au *scrutin secret*) pour obtenir le résultat de leurs délibérations. Le dépouillement seul de chaque scrutin prend déjà bien du temps, et fournit souvent matière à réclamation.

En effet, n'arrive-t-il pas souvent qu'on trouve dans les urnes, soit des bulletins faisant *double emploi*, soit des bulletins exprimant *votes contraires?*

Il s'en suit que: tantôt la somme des votes *pour* et *contre* excède le nombre des votants; tantôt la quantité de l'une ou de l'autre espèce de votes, relativement à la majorité absolue, devient fausse ou douteuse.

En un mot, rien aujourd'hui ne fait voir immédiatement que le votant se trompe d'urne ou de bulletin. On a beau dire qu'on rectifie les erreurs dès qu'on les reconnaît; qu'on passe outre sur certaines irrégularités, ou qu'on annulle au besoin le scrutin. Toujours est-il que ces irrégularités ou erreurs produisent un mauvais effet, et prolongent inutilement les sessions législatives, si toutefois elles n'influent en rien sur les résultats mêmes des scrutins!

Avantages que présentent les Appareils jumeaux.

Or, les *appareils jumeaux* sont combinés de manière à faire éviter tous ces inconvénients.

Les avantages qu'ils présentent peuvent se résumer ainsi :

Célérité de l'opération,
Régularité du scrutin,
Contrôle du résultat.

On peut y ajouter **Suppression des bulletins;** car ce procédé mécanique n'en a besoin que lorsqu'il s'agit de connaître le résultat du scrutin, non-seulement par *nombre de votes,* mais aussi par *noms des votants,* comme c'est le cas du *scrutin de division.* Dans ce cas les appareils sont à urnes, et chaque bulletin y jeté fournit un contrôle de plus, comme nous le verrons plus bas.

Manière d'opérer.

Voici d'abord la manière d'opérer :

Il y a entre les deux appareils (que nous ne saurions mieux distinguer que par l'appareil *pour* et l'appareil *contre,* fig. 3) un bouton (d) avec une coulisse (e) altant à droite et à gauche.

En poussant ce bouton à *droite,* on fait marquer un vote *pour;* et à *gauche,* un vote *contre.* Seulement il faut le pousser *tout le long de sa coulisse* pour mettre l'appareil en fonction. Autrement, rien ne se dérange, il est vrai, mais le vote voulu ne se marque pas.

D'ailleurs, chaque vote réellement marqué s'annonce à coup de sonnerie, en sorte qu'on sait toujours si le bouton opérateur est poussé suffisamment ou non.

On voit donc que l'opération de voter *pour* ou *contre* se fait avec toute la *célérité* possible, puisqu'il ne faut que pousser un bouton; et comme chaque appareil, nous le savons déjà, additionne successivement ses votes, le scrutin se trouve tout *dépouillé* au moment même où l'on en prononce la clôture.

Passons au mécanisme qui régularise la marche du scrutin, et empêche toute erreur de *double vote*.

Il y a à cet effet deux combinaisons mécaniques :

1° *Le scrutin* SE FERME *immédiatement après chaque vote marqué* POUR OU CONTRE ;

2° *Le bureau* OUVRE *le scrutin à chacun des votants.*

En disant que le scrutin se ferme immédiatement, nous devons ajouter *forcément*; parce qu'il se ferme par ce seul fait, qu'on est obligé de pousser le bouton (d) à droite ou à gauche pour donner un vote. Ce bouton n'est pas plutôt poussé et lâché, qu'il revient sur ses pas, fait marquer le vote, et reprend sa position de repos, en fermant à la fois l'appareil *pour* et l'appareil *contre*.

Il y a donc une force majeure qui empêche tout DOUBLE VOTE, puisque le votant ne peut pousser le bouton (d) qu'une SEULE fois.

Régularité du scrutin.

Fermeture forcée du scrutin après chaque vote donné.

Ouverture du scrutin par le Bureau. Quant à l'ouverture du scrutin, le bureau n'a pour l'opérer qu'à presser un *bouton à pompe* (f) placé en saillie sur le revers des appareils *pour* et *contre,* c'est-à-dire sur la platine où se marque le nombre des votants (fig. 4). Ce bouton (f), qui ouvre le scrutin, *se relève de lui-même* toutes les fois que le bouton (d) le ferme. Ainsi, grâce à ce mouvement alternatif et instantané, l'opération peut se renouveler de votant à votant presque sans aucune interruption.

Au surplus, si l'on veut neutraliser entièrement le mécanisme de fermeture (quand on surveille de près la marche du scrutin), on n'a qu'à tenir le doigt appuyé contre le bouton à pompe, ou arrêter le jeu de ce dernier au moyen d'une vis ou d'un loquet. Dès-lors le scrutin reste continuellement ouvert.

Contrôle du résultat. Voyons maintenant qu'est-ce qui contrôle tous ces effets mécaniques.

Sous ce rapport encore les *appareils jumeaux* ne laissent rien à désirer. Ils possèdent même plus d'un contrôle, et nommément :

Contrôle par le *nombre des votants,*

    — le *mouvement de sonnerie,*

    — les *bulletins jetés* dans chaque urne,   ⎱ lorsque les appareils sont à urnes.

    — les *bulletins retirés* de chaque urne,

Contrôle par le nombre des votants. Et voici comment les choses sont disposées pour cela :

1º Le mécanisme intérieur des *appareils jumeaux* (fig. 3) est combiné de manière qu'on ne peut pousser le bouton (d) à droite ou à gauche, c'est-à-dire donner un vote *pour* ou *contre*, sans faire marquer en même temps une unité de plus sur la platine (fig. 4) qui forme le revers desdits appareils. Toutes ces unités s'additionnent successivement comme les votes, et le nombre croissant ainsi après chaque opération, savoir le *nombre des votants*, devient un contrôle d'autant plus positif, qu'il doit nécessairement répondre à la somme des votes *pour* et *contre*.

Ce nombre des votants, arrêté lors de la clôture du scrutin, donne aussi immédiatement le chiffre de la *majorité absolue* qui décide la question.

D'ailleurs, rien n'est plus commode que cette combinaison pour le *scrutin secret* : car le nombre des votants se marquant au REVERS de l'appareil, le bureau peut suivre et contrôler l'opération même à travers un mur, et savoir toujours si et quand le votant donne son vote, sans savoir si ce vote est *pour* ou *contre*.

C'est encore ce même nombre des votants, dès qu'il augmente d'une unité, qui sert à avertir le bureau, quand il peut appeler au scrutin un nouveau votant sans le moindre inconvénient.

2° Chaque vote *pour* ou *contre* est également contrôlé par un mouvement de sonnerie, qui ne se fait entendre que lorsque le bouton (d) est poussé *tout le long de sa coulisse*, comme l'exige la manière d'opérer, c'est-à-dire lorsque le vote est *réellement marqué* sur l'appareil.

3° Enfin, pour mieux approprier le SCRUTATEUR MÉ-
CANIQUE à l'usage des assemblées législatives, et surtout
au *scrutin de division* à la suite duquel on publie les
noms des votants POUR et CONTRE, j'ai réussi à combiner
la marche des appareils jumeaux avec *deux* urnes, dont
on voit (fig. 3) les orifices marqués à la lettre g ; en
sorte que chaque membre, tout en votant comme
de coutume au moyen d'un bulletin blanc ou bleu,
sans déplacement, travaillera sans s'en douter au *dépouillement* et au *contrôle* du scrutin, rien qu'en
poussant le bouton (d) vers l'urne où il aura jeté son
bulletin.

Voici quelques renseignements plus détaillés à ce sujet :

Il est d'abord impossible que les bulletins *pour* et
contre se mélangent dans les urnes, parce qu'ils sont
les uns trop larges, les autres trop épais pour entrer
indistinctement dans l'un ou l'autre orifice.

Ensuite, chaque orifice est disposé de manière
qu'aucun bulletin jeté n'y entre d'emblée qu'au
2/3 ou 3/4. Pour le faire entrer entièrement il faut
que le vote y *relatif* soit marqué sur l'appareil,
c'est-à-dire que le bouton (d) soit poussé suffisamment, et du côté même de l'urne où doit tomber le
bulletin. Autrement, ce bulletin restant visible pour
son 1/3 ou 1/4, devient la preuve la plus palpable que
l'opération n'est pas accomplie.

Dans le cas où le bouton serait poussé du côté op-
posé à l'urne qui doit recevoir le bulletin, je veux
dire poussé jusqu'à faire marquer et sonner un vote,
ce dernier ne pourrait être que le *vote contraire.*

Ainsi, toute erreur volontaire ou involontaire est
prise sur le fait, afin qu'on puisse la rectifier en

parfaite connaissance de cause avant la clôture du scrutin.

On ne saurait d'ailleurs jamais faire entrer simultanément deux ou plusieurs bulletins de même couleur dans l'urne, les orifices étant disposés à n'en recevoir qu'un *seul*.

L'opération conduite ainsi éloigne toute idée d'inexactitude, et permet de proclamer le résultat du scrutin d'après les votes *pour* et *contre* marqués sur l'appareil, ces votes se trouvant déjà contrôlés par le *nombre des votants*. Cependant si l'on voulait s'en convaincre davantage et sanctionner en quelque sorte doublement ce résultat, il ne s'agirait plus que de *compter* les bulletins, pour voir si leur nombre répond effectivement au nombre des votes marqués. Ce serait alors soumettre l'opération au contrôle le plus sévère qu'on puisse imaginer.

Or, ce contrôle ne peut jamais non plus faire défaut dans nos appareils : car d'un côté, comme nous l'avons dit plus haut, aucun bulletin n'entre dans l'urne que lorsque le vote y *relatif* se trouve réellement marqué; et de l'autre, l'*addition successive* des votes est une chose immanquable, quand on connaît le mécanisme intérieur de notre SCRUTATEUR.

Il y a plus : la supputation des bulletins, si l'on en vient là, est simplifiée au dernier point. En tombant dans les urnes ils se tassent les uns sur les autres, et se rangent contre une échelle divisée proportionnellement à leur épaisseur. Par ce moyen, le chiffre de l'échelle, qui correspond au dernier bulletin, en indique aussi le nombre total. Pour plus de précision, les bulletins sont confectionnés en ivoire ou en métal, plutôt qu'en carton ou en bois.

Enfin, le bordereau général des votants *pour* et *contre*, attendu souvent avec tant d'impatience par les journaux, n'est plus qu'un travail de quelques minutes. Chaque bulletin porte un *numéro d'ordre*, répété à toutes les extrémités et en sens inverse; en sorte que n'importe comment il se présente quand on le retire de l'urne, ce numéro peut être vu, appelé et pointé à l'instant même.

Rien d'ailleurs n'est plus facile que de rendre ce pointage double, triple ou multiple, à l'aide de feuilles uniformes où les membres de l'Assemblée seraient classés par ordre alphabétique, par départements ou de toute autre manière.

En résumé, les *appareils jumeaux*, soit à urnes pour le *scrutin de division*, soit sans urnes pour le *scrutin secret*, possèdent tous les éléments propres à *former*, *dépouiller* et *contrôler* ces scrutins avec autant de rapidité que d'exactitude.

Il serait superflu d'ajouter que ces appareils peuvent convenir parfaitement bien à tout autre corps délibérant, administratif, communal, politique ou commercial.

La gravure représente deux principales faces de l'appareil, savoir : celle du scrutin (fig. 3), et celle du bureau (fig. 4).

L'une fait voir 629 votes *pour* et 100 *contre*, donnés au scrutin de division de l'Assemblée Constituante à l'occasion de la loi sur les *clubs*, adoptée le 28 juillet 1848 ; et l'autre 729 *votants*, soit l'ensemble des votes exprimés de part et d'autre.

Quant aux bulletins, leur nombre dans chaque urne doit nécessairement être pareil à celui des votes marqués sur l'appareil. Il y a donc ici 629 bulletins *blancs* dans l'urne *pour*, et 100 *bleus* dans l'urne *contre*.

—

FIG. 5, 6 ET 7.

APPAREILS COMBINÉS A VOLONTÉ.

Cette application a pour but de faciliter la formation et le dépouillement du scrutin, lorsqu'il s'agit :

D'élire un nombre DÉTERMINÉ *de personnes, parmi n'importe quel nombre de candidats qui se présentent,* conformément aux lois qui règlent dans chaque pays les élections générales et municipales, ou aux statuts des Sociétés commerciales qui convoquent, de temps à autre, leurs actionnaires, pour nommer des administrateurs, commissaires de surveillance, etc.

Admettons, par exemple, qu'il soit question d'élire 6 vice-présidents de l'Assemblée nationale parmi 12 candidats que représente la figure 5, sous forme d'un cadre contenant 12 appareils. Quand nous saurons comment se passent les choses dans cette proportion, ce sera l'instruction générale pour tous les scrutins de même nature, sauf à augmenter ou à diminuer le nombre d'appareils encadrés ici exprès, pour qu'ils soient soumis tous à un mécanisme CENTRAL que nous allons développer.

Il est d'abord bien entendu que chaque appareil du cadre *additionne* ses votes : c'est la base fondamentale de toutes les applications de notre SCRUTATEUR.

Chaque appareil doit ensuite posséder son mécanisme (expliqué page 13) qui *empêche* tout DOUBLE VOTE.

Enfin, tous les appareils encadrés se trouvent soumis, comme nous venons de le dire, à un *mécanisme central* dont voici l'effet :

Le votant, après avoir donné autant de votes qu'il a droit d'en donner (comme ici 6 votes sur 12 candidats, dont 6 sont censés être proposés par une réunion préparatoire des représentants et marqués aux lettres A, B, C, D, E et F, et 6 autres réservés aux noms que le votant lui-même peut inscrire), *ne pourra plus faire fonctionner aucun appareil.*

Ainsi, il a d'un côté toute la liberté de choisir ses candidats comme bon lui semble, puisque l'on peut réunir, dans un ou plusieurs cadres, tel ou tel nombre d'appareils dépendant dudit mécanisme central ; et de l'autre, il est obligé, bon gré mal gré, de subir l'effet de diverses combinaisons qui ne lui permettent : *ni de donner plus d'un seul vote* à un candidat, *ni de voter pour plus de candidats* qu'il n'en faut.

Peut-on demander quelque chose de plus pour le scrutin des élections ?

Il ne me reste qu'à donner quelques renseignements, plutôt pratiques que théoriques, sur cette application du SCRUTATEUR MÉCANIQUE.

D'abord, pour opérer, c'est toujours un procédé *simple* et *instantané* : tourner une manivelle ou pousser un bouton. La force d'un enfant même suffit pour cela. Tout se voit et se comprend d'ailleurs du premier coup d'œil. L'axe qu'il faut tourner ici avec une manivelle *commune* (fig. 6) se trouve juste à côté du nom du candidat qu'on veut choisir; le vote donné se marque et s'additionne sur l'appareil y relatif; la sonnerie confirme ce vote à l'oreille du votant; enfin tout est prévu, jusqu'au mot *voté* qui apparait à ses yeux, à côté de tout axe tourné, pour qu'il ne s'occupe plus des appareils qu'il aura déjà fait fonctionner.

Quant au bureau, fig. 7 (qui est censé être placé derrière le cadre, voire même séparé par un mur ou une cloison), il a également devant lui **tous** les éléments pour contrôler l'opération du scrutin.

A cet effet, il y a d'abord un appareil qui marque le *nombre des votants*; puis un cadran qui joue ici un rôle presque magique. C'est grâce à ce cadran que le bureau sait, vote par vote, ce qui se passe dans le cabinet où se forme le scrutin. Seulement, il est essentiel de le faire remarquer, il sait bien le *nombre des votes* donnés, même le moment où l'on opère, mais pas les *noms des candidats* que le votant choisit. L'indépendance des votes se trouve donc ainsi complétement respectée.

Voici d'ailleurs comment tout cela est combiné:

Le cadran, agent principal de ce contrôle, est en communication avec le mécanisme du cadre placé dans le cabinet du *scrutin secret*. Il est divisé ici en 8 compartiments, comme il y a 8 rayons qui marquent les points d'arrêt de son aiguille. Il y en a deux avec les mots *fermé* et *ouvert*, pour désigner que le scrutin est dans cet état, toutes les fois que l'aiguille du cadran indique l'un ou l'autre de ces mots. Les six autres compartiments se distinguent par les nombres 1, 2, 3, 4, 5 et 6, correspondant aux 6 votes que chaque votant peut donner, d'après l'élection prise pour exemple.

Quand le votant entre dans le cabinet du *scrutin secret,* tous les appareils doivent être ouverts, afin qu'il fasse son choix de candidats comme bon lui semble ; et pour cela, le président du bureau n'a qu'à arrêter l'aiguille du cadran sur le mot *ouvert,* en tournant le bouton (h) qui fait ici office de manivelle. Cette aiguille marche ensuite toute seule de rayon en rayon, comme par enchantement, au fur et à mesure de chaque vote marqué sur tel ou tel appareil. Arrivée au rayon 6, elle s'arrête : ce qui prouve que le votant a fini son opération, et que tous les appareils du cadre sont fermés.

Mais dans cet état de choses il reste encore à côté de chaque axe tourné le mot *voté,* dont nous avons parlé plus haut. Il y a donc ici 6 mots pareils. Pour les faire disparaître (avant l'introduction du nouveau votant), le président du bureau n'a qu'à avancer d'un rayon l'aiguille du cadran, c'est-à-dire qu'à la transporter sur le mot *fermé.* C'est là d'ailleurs où elle doit se trouver toutes les fois qu'on arrête la votation du jour, ou qu'on clôt définitivement le scrutin.

L'appareil qui marque le *nombre des votants* peut fonctionner, soit simultanément avec le dernier vote donné par chaque votant, soit pendant le trajet que l'aiguille fait du rayon 6 au mot *fermé.*

Il en est de même du mécanisme de sonnerie :
il peut être appliqué ou à chaque vote isolé, ou seulement au dernier vote de chaque votant.

Quant au *résultat* du scrutin, on peut le proclamer
aussitôt après l'opération du dernier votant, puisque
chaque appareil additionne successivement ses votes,
et que tous les votes réunis se contrôlent par le nombre des votants.

En examinant le cadre de 12 appareils d'après
la gravure, nous voyons que le votant a choisi
4 candidats parmi les 6 dont les noms avaient été
inscrits à l'avance, savoir : A, B, D et F; et que pour
2 autres qu'il avait encore à nommer, il a fait travailler 2 appareils parmi les 6 *laissés en blanc*, en
inscrivant lui-même les noms que nous désignons
par les lettres X et Z.

Exemple de la gravure.

Nous remarquons au bureau l'aiguille du cadran
arrêtée sur le rayon 6 : cela veut dire que les appareils
restent bien fermés pour le votant, parce qu'il a fini son
opération; mais pas assez fermés pour introduire un
nouveau votant, parce que les mots *voté* sont encore
visibles. Pour faire disparaître ces mots, le président
du bureau, ainsi que nous l'avons dit plus haut, n'aurait qu'à transporter l'aiguille sur le mot *fermé*.

L'appareil marquant le *nombre des votants* n'a pas
fonctionné ici, parce qu'il est construit de manière à
ne fonctionner que lorsque l'aiguille du cadran passe
du rayon 6 au mot *fermé*.

Enfin, nous ne voyons que 6 unités dans les fenêtres

rondes du cadre, c'est-à-dire **un seul** vote donné à chacun des 6 candidats choisis : cela signifie que c'est le premier votant qui a opéré. Autrement les votes se seraient additionnés avec les précédents, en formant les dizaines, les centaines, etc.

Il est inutile d'ajouter qu'on peut masquer les fenêtres par où ressortent les votes de chaque appareil, afin que le votant ne soit pas plus ou moins influencé par la situation du scrutin à l'égard de tel ou tel candidat.

Conclusion.   Voilà par quelles combinaisons mécaniques tout marche vers le même but, tout s'accomplit avec **autant** de célérité que d'exactitude, dans une opération où tout doit être sévèrement contrôlé, hormis le libre arbitre du votant.

En résumé, il serait difficile, ce me semble, de réunir plus d'avantages dans un appareil, surtout si simple dans la pratique, et de l'appliquer à toutes les espèces de scrutin. Du reste, c'est au public à juger en dernier ressort si j'ai frayé une nouvelle voie à la *comptabilité mécanique*, et si par là j'ai contribué au progrès de deux sciences également importantes.

J. J. BARANOWSKI.

Paris, octobre 1849.

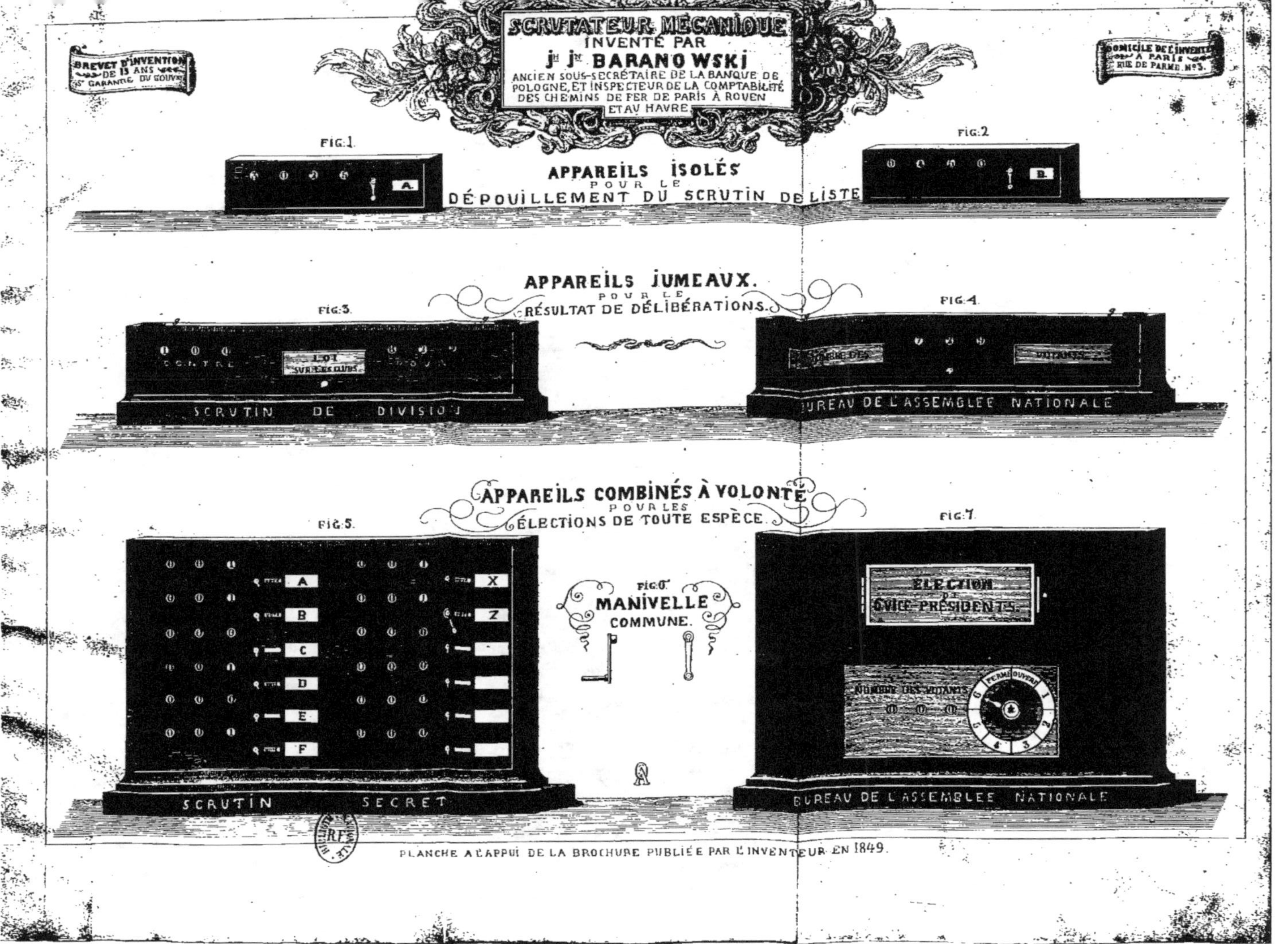

SCRUTATEUR MÉCANIQUE
INVENTÉ PAR
Jh Jn BARANOWSKI
ANCIEN SOUS-SECRÉTAIRE DE LA BANQUE DE POLOGNE, ET INSPECTEUR DE LA COMPTABILITÉ DES CHEMINS DE FER DE PARIS À ROUEN ET AU HAVRE.
BREVET D'INVENTION DE 15 ANS 5e GARANTIE DU GOUVt
DOMICILE DE L'INVENTr À PARIS RUE DE PARME, N°3.
FIG.1
FIG.2
A
B
APPAREILS ISOLÉS
POUR LE
DÉPOUILLEMENT DU SCRUTIN DE LISTE
APPAREILS JUMEAUX.
POUR LE
RÉSULTAT DE DÉLIBÉRATIONS.
FIG.3
FIG.4
LOI SUR LES CLUBS
CONTRE
POUR
NOMBRE DES
VOTANTS
SCRUTIN DE DIVISION
BUREAU DE L'ASSEMBLÉE NATIONALE
APPAREILS COMBINÉS À VOLONTÉ
POUR LES
ÉLECTIONS DE TOUTE ESPÈCE
FIG.5
FIG.6
FIG.7
A
B
C
D
E
F
X
Z
MANIVELLE
COMMUNE.
ÉLECTION DE VICE-PRÉSIDENTS.
NOMBRE DES VOTANTS
FERMÉ
OUVERT
SCRUTIN SECRET
BUREAU DE L'ASSEMBLÉE NATIONALE
PLANCHE À L'APPUI DE LA BROCHURE PUBLIÉE PAR L'INVENTEUR EN 1849.